Dedicatória

Ficha Catalográfica
(Preparada na Editora)

Xavier, Francisco Cândido, 1910-2002.

X19a Ainda hoje /Francisco Cândido Xavier / Espíritos Diversos. Araras, 1ª edição, IDE, 2013.

224 p.

ISBN 978-85-7341-241-3

1. Espiritismo 2. Mediunidade - Pensamentos I. Espíritos Diversos. II. Título.

CDD-133.9
-133.91

Índice para catálogo sistemático:

1. Espiritismo 133.9
2. Mediunidade: Espiritismo 133.91

ainda HOJE

ISBN 978-85-7341-241-3

1ª edição - agosto/2013
9ª reimpressão - dezembro/2022

Copyright © 2013,
Instituto de Difusão Espírita - IDE

Conselho Editorial:
Doralice Scanavini Volk
Wilson Frungilo Júnior

Projeto Editorial:
Jairo Lorenzetti

Capa:
César França de Oliveira

Revisão de texto:
Mariana Frungilo Paraluppi

Diagramação:
Maria Isabel Estéfano Rissi

Parceiro de distribuição:
Instituto Beneficente Boa Nova
Fone: (17) 3531-4444
www.boanova.net
boanova@boanova.net

INSTITUTO DE DIFUSÃO ESPÍRITA - IDE
Av. Otto Barreto, 967
CEP 13602-060 - Araras/SP - Brasil
Fone (19) 3543-2400
CNPJ 44.220.101/0001-43
Inscrição Estadual 182.010.405.118
www.ideeditora.com.br
editorial@ideeditora.com.br

Todos os direitos reservados. Nenhuma parte desta publicação pode ser reproduzida, armazenada ou transmitida, total ou parcialmente, por quaisquer métodos ou processos, sem autorização do detentor do copyright.

CHICO XAVIER

ainda
HOJE

ide

Apresentação

Chico Xavier, o grande médium e apóstolo do bem, nos legou reais e insofismáveis ensinamentos de caridade, desprendimento, humildade e exemplos de imensurável amor ao próximo.

Através de seu trabalho mediúnico, propiciou-nos também vastíssima quantidade de comunicações vindas do Plano

Espiritual, sempre a nortear-nos os passos em direção à paz e à felicidade.

E desses mais de um milhar de textos que já publicamos em diversos livros, compilamos 209 eficazes ensinamentos, fruto do intercâmbio com 47 Espíritos, a trazer-nos seus conselhos e afirmativas seguras para a alegria do viver.

Temos plena certeza de que o prezado leitor em muito irá se beneficiar com esta leitura, absorvendo seus ensinamentos e utilizando-os no auxílio a um irmão necessitado ou ao próprio coração, sedentos de consolo, de esclarecimento e de sábias indicações para as mais equilibradas decisões.

1

Não passes pelo mundo sem acrescentar o teu tijolo à magnífica construção do bem.

Não permitas que os teus dias se escoem sem que algo faças de útil em benefício do próximo.

2

Sábio conselho da vida
Aos grandes, quanto aos pequenos:
No mundo tem sempre mais
Quem necessita de menos.

3

Silencia ante quaisquer palavras agressivas que te forem dirigidas, onde estejas, e segue adiante, buscando o endereço das próprias obrigações.

4

Não digas que as tuas obrigações são pesadas demais e, sim, aceita corajosamente as atribuições que se te confere ao Espírito, e segue adiante.

5

Se a semente não morre e, sim, transforma-se, se a lâmpada apagada em vista de algum estrago pode ser substituída para que a luz reapareça, por que motivo a chamada desencarnação haveria de ser o fim da pessoa criada por Deus?

6

Amemos ao próximo com toda a alma e com todo o coração e estaremos amando ao Senhor com as forças mais nobres de nossa vida.

7

Recorda, assim, que o dia de melhorar é este mesmo em que nos achamos, uns à frente dos outros, respirando o mesmo clima de regeneração e de luta.

Nem ontem, nem amanhã, mas agora...

8

Aquilo que sai da boca – diz-nos o Evangelho – precisa merecer-nos tratamento especial.

É pela boca que aprendemos a auxiliar aos nossos semelhantes e é ainda por ela que clamamos para o Céu, suplicando socorro e misericórdia.

A língua revela o conteúdo do coração.

9

As lutas na Terra são como nuvens no céu. Essas sombras condensadas desaparecem perante a luz da fé, assim como as nuvens se dissipam perante o Sol. É preciso compreender a vida para que possamos vivê-la no proveito necessário.

10

Diminua o sofrimento na balança de seu tempo, usando o famoso pensamento positivo na vitória do bem. Pode crer que isso funciona.

11

Não repouses na estrada...
Segue à frente,
Ontem, hoje, amanhã...
Constantemente,
Marcha ao doce clarão que te ilumina...
Jesus é o Sol de Amor que nos espera
Em resplendente e excelsa primavera
No Lar Eterno da União Divina.

12

Há quem se detenha fisicamente num palácio, sentindo-se no purgatório do desespero, e existe quem se demore num casebre, guardando as alegrias de um paraíso interior.

Cada Espírito permanece na posição que lhe agrada.

13

Deus só permite a perenidade da alegria. Todas as sombras se desfazem. Todo o sofrimento é passagem sem ser uma condição certa.

14

Lembra-te de que nada possuis, à frente do Pai Celestial, senão tua própria alma e, por isso mesmo, só em tua alma amealharás o tesouro que a ferrugem não consome e que as traças não roem.

15

Estejas como estiveres, não te percas na expectação inoperante e prossegue adiante, agindo e servindo, a bem dos outros, o que resultará sempre em benefício de ti próprio.

16

Sempre que te sintas indispensável, lembra o coto de vela, guardado em alguma parte, que se te faz instrumento da luz, quando a lâmpada, à noite, estiver apagada.

17

O nosso próximo é a ponte ou o viaduto, em que nos aproximamos cada vez mais de Deus, quando seguimos adiante, procurando auxiliar e esquecer.

18

Ouvindo sempre mais e falando um tanto menos, conseguirás numerosos recursos que te favoreçam a própria renovação.

19

É imprescindível darmos "sinais" de nossa reforma íntima com o Cristo, antes de exigirmos os "sinais dos céus".

20

Reflitamos na parcela de influência e de ação que impomos à vida, na pessoa dos semelhantes, porque de tudo o que dermos à vida, a vida também nos trará.

21

Nunca censures. Trabalha,
Crê, auxilia e não temas.
Cada qual guarda problemas,
Em forma de sombra e dor.
Quem mais serve e mais perdoa
É aquele que se renova,
Vencendo, de prova em prova,
Na grande escola do amor.

22

Não permita que tristeza ou desânimo se lhes insinuem no coração.

A vida é bela – é caminho de luz para uma vida melhor e maior.

Abençoe os obstáculos, as dificuldades, os problemas, as lutas...

Amando e servindo, venceremos.

23

Ensinou-nos Jesus Cristo: "Amai-vos uns aos outros, como eu vos amei". Quando este preceito for praticado, certamente usufruiremos a felicidade do Mundo Melhor com que todos sonhamos.

24

Os amigos espirituais nos informam que o estudo deve ser, para nós, uma obrigação, em qualquer idade ou circunstância da vida.

25

A fé sólida é aquela que pode encarar a razão, face a face.

26

Pensemos em vida e esperanças, paz e felicidade.
A vida mental é que determina os nossos estados espirituais.

27

É natural solicites socorro à Infinita Bondade, no entanto, não rogues serviço conforme a tua capacidade, mas, sim, capacidade segundo o serviço que te compete.

28

Um pão, uma frase de encorajamento, a migalha de recursos materiais e a luz de uma oração, representam parcelas de um tesouro que se acumulará sempre nos Créditos Divinos, em auxílio daqueles que as distribuem.

29

Recorda que o Senhor espera por tua vontade, por teus pensamentos, por tuas palavras e por teus braços, a fim de responder com a paz e com a esperança aos que te cercam.

30

Tudo é fácil para aquele que cultiva a verdadeira fraternidade, porque o amor pensa, fala e age, estabelecendo o caminho em que se arrojará, livre e feliz, à alegria da Vida Eterna.

31

Acreditemos ou não, tudo o que sentimos, pensamos, dizemos ou realizamos nos define a contribuição diária no montante de forças e possibilidades felizes ou menos felizes da existência.

32

A experiência na Terra é uma escola bendita. Tudo o que constitui impedimento para a vitória da alma é lição que devemos aproveitar, superando as próprias fraquezas.

33

Artigo sempre atual
Nos Estatutos do Bem:
Não retirar a esperança
Do coração de ninguém.

34

Não deixe meses sem visitar e falar aos irmãos menos favorecidos, como quem lhes ignora os sofrimentos.

35

Alegria sempre, alegria de havermos sido chamados a viver juntos, alegria de agir aprendendo a crescer para o Mais Alto, usando a fé e cultivando a compreensão.

36

Não espere entendimento e ponderação do estômago vazio de companheiros necessitados.

37

*Ante a eterna indulgência
Com que o Céu te acompanha,
Sê também complacente
E usa a misericórdia
Para que a Paz Divina
Permaneça contigo,
À maneira de luz
Que te guarde hoje e sempre.*

☙

38

Cada pessoa que te busca é alguém que regressa de longe para auxiliar-te na edificação da felicidade ou para auxiliar-te no aprimoramento interior que necessitas desenvolver.

39

Traze tua alma às tarefas do bem e estarás fazendo o melhor.

Não te encarceres nas impressões de ontem e nem te amedrontes à frente do amanhã.

Hoje é o nosso dia de começar.

40

Mantenhamos a nossa fé intacta em Jesus, com a certeza de que Deus nos oferece sempre o melhor que sejamos capazes de receber.

41

Se você está num momento, considerado, talvez, como sendo o pior de sua vida, siga adiante com o seu trabalho, na certeza de que se hoje o céu aparece toldado de nuvens, a luz voltará no firmamento e o dia de amanhã será melhor.

42

Da vela ao Sol, multiformes recipientes de luz demonstram a união do homem com Deus e a de Deus com o homem nos caminhos da evolução.

43

À frente de quaisquer forças negativas, pensa no bem, desculpa e esquece, empenhando-te a construir e reconstruir em favor do melhor.

Ama compreendendo, para que possas realmente servir.

44

Esqueçamos o mal e abracemos o bem na certeza de que somente em Cristo conseguiremos atingir a vitória da luz com a luz de nossa própria renovação.

45

O lar é uma bênção do Céu que reúne as pessoas que receberam o privilégio de se auxiliarem mutuamente para melhor atenderem a Deus no progresso de si mesmas.

46

A caridade não é trabalho exclusivo daquele que se encontra temporariamente detido na abastança material.

É, sobretudo, amor, auxílio, doação de si mesmo.

Todos podemos ajudar.

47

Existe um Poder sobre nós que nos socorre sempre mais depressa quanto mais depressa se manifeste a nossa aceitação e a nossa paciência.

48

Cada dia é oportunidade de ascensão ao melhor.

Cada tarefa edificante é degrau com que podemos subir às esferas superiores.

Todos respiramos em planos distintos e todos podemos alcançar horizontes mais altos.

49

O repouso serve para reparar as forças do corpo e ele é também necessário a fim de deixar um pouco mais de liberdade à inteligência, para se elevar acima da matéria.

50

Haja o que houver e estejas como estiveres, não te precipites em tuas decisões, de vez que é nas horas mais difíceis que tens oportunidade de provar a ti mesmo o valor da própria fé.

51

O segredo da vitória, em todos os setores da vida, permanece na arte de aprender, imaginar, esperar e fazer mais um pouco.

52

Ao pé de cada coração desventurado, Jesus nos espera, em silêncio.

53

Migalha aqui, migalha ali, uma benção de cá, outra de lá, e parece que a luz vai brilhando mais um tanto. A gente não percebe, de pronto, mas um dia, os olhos se enriquecem de vantagens novas e então reconhecemos que tudo quanto se fez no auxílio ao próximo, foi a nós que o fizemos.

54

Quem procura o "lado melhor" dos acontecimentos, a "parte mais nobre das pessoas" e a "expressão mais útil" das coisas, está conquistando preciosos acréscimos de visão.

∽

55

O amor é uma luz que Deus acende no coração. E onde o amor persiste não há sombra.

56

*As lições do próprio suor
são as mais preciosas.*

57

Sem a porta estreita do obstáculo, não conseguiríamos medir a nossa capacidade de trabalho ou ajuizar quanto à nossa fé.

58

Aprende a pensar em termos de eternidade para que o internato no corpo físico não te empane a visão da vida.

59

*Sofre com paciência,
Deus te oferta o melhor.*

60

Tristeza é uma sombra que apenas prejudica quem a conserva por teimosia dentro da própria alma.

Alegre-se. Cultive o otimismo e a esperança.

61

Use a gentileza, mas de modo especial dentro da própria casa.

Experimente atender aos familiares como você trata as visitas.

62

Insignificante é o pingo d'água, todavia, com o tempo, traça um caminho no corpo duro da pedra.

63

A família é o grupo em que nascestes para auxiliar e ser auxiliado.

64

Tens contigo os companheiros certos que te auxiliam no aperfeiçoamento a que aspiras.

∽

65

Minúscula é a formiga, mas edifica, à força de perseverança, complicadas cidades subterrâneas.

66

Uma lei que nunca erra:
Reencarnação, lei bendita...
Cada ser retorna à Terra
Na lição que necessita.

67

É indispensável saibamos aproveitar o tempo, qual deve o tempo ser utilizado, de vez que os dias correm sobre os dias, até que o Senhor nos tome conta dos créditos, que generosamente nos emprestou.

68

O poder da oração está no sentimento, na fé e no merecimento de cada um, e não na fórmula verbal ou na postura, como também é independente do momento ou do lugar em que seja feita.

Enganam-se os que acreditam que a morte possa apagar o coração.

As ligações verdadeiras são invulneráveis.

70

Quem dirá que existe a morte, quando a vida resplende por toda a parte?

71

Vale-te do dia para criar valores novos e substanciais que te enriqueçam a vida.

72

Precisamos da paz, e a paz chega somente pelo amor que Jesus nos ensinou.

73

Guarda contigo esta nota
De contexto lapidar:
Fracasso não é derrota,
É o dom de recomeçar.

74

A vitória na luta pelo bem contra o mal caberá sempre ao servidor que souber perseverar com a Lei Divina até o fim.

75

Imprescindível compreender a função da luta em nosso aprendizado, quando na peregrinação terrestre, para que a fé e o amor não sejam palavras vazias e inúteis em nossos lábios.

76

Viver é encontrar a felicidade nas coisas simples que fazem parte da nossa vida, um sorriso sincero, uma palavra de incentivo, um silêncio oportuno.

Mas, para isso, é preciso gostar de viver, saber aproveitar todo momento na sua essência.

77

Não te digas abastado
Sem precisar de ninguém;
Em qualquer parte da Terra,
Alguém precisa de alguém.

78

O lar e o sol, a escola e o conhecimento, o trabalho e a amizade lhe enriquecem todos os marcos, em demanda à tarefa que lhe compete cumprir.

79

Em cada resposta aos outros, em cada gesto para com os semelhantes, em cada manifestação dos teus pontos de vista e em cada demonstração de tua alma, grafas com tinta perene, a história de tua passagem.

80

Beneficência é investimento muito importante, rende juros incalculáveis nos dois mundos, aí e aqui.

81

O corpo é comparável à enxada, e o Espírito reencarnado lembra o lavrador.

Todo zelo do lavrador é necessário para conservar a enxada em condições de trabalhar com acerto e segurança.

82

Se Jesus não nascer e crescer, na manjedoura de nossa alma, em vão os Anos Novos se abrirão iluminados para nós.

83

Caridade ensinada melhora os ouvidos.

Caridade praticada aprimora os corações.

Dividir conscientemente os bens que retemos é sustentar a respeitabilidade humana.

Renunciar, a benefício do próximo, será sempre elevar-se.

84

O caminho do mundo que atravessas cada dia, é apenas escola.

85

Se alguém te feriu, perdoa
Guarda silêncio e trabalha.
Entrega o assunto a Deus,
Apoio que nunca falha.

86

Todos os seres, todas as tarefas e todas as coisas são peças preciosas na estruturação da vida.

87

Decerto que a Bondade Divina brilha em toda parte, entretanto, não se sabe de lugar algum que mantenha salário sem trabalho. E o trabalho edificante, seja qual for, exige fidelidade e esforço, aplicação e obediência.

88

O homem não é somente o filho de Deus no mundo, é também o cooperador de Sua obra terrestre.

89

Teus afetos mais doces são companheiros com tarefas diferentes das tuas.

90

Examina, por ti mesmo, as situações com que te defrontas, hora a hora. Por todos os flancos, solicitações e exigências. Tarefas, compromissos, contatos, reportagens, acontecimentos, comentários, informações, boatos. Queiras ou não queiras, a tua parcela de influência conta na soma geral das decisões e realizações da comunidade, porque, em matéria de manifestação, até mesmo o teu silêncio vale.

O amor verdadeiro é aquele que se entrega do ponto de vista do sacrifício pessoal, sem qualquer recompensa.

92

A imaginação não é um país de névoa, de criações vagas e incertas. É fonte de vitalidade, energia, movimento...

∾

93

Observa o valor do tempo.

Age para o bem de todos.

Serve sem reclamar.

Atende aos próprios deveres com alegria.

Aceita-te como és, buscando melhorar-te

94

O tempo é um mestre invisível trabalhando aqui e aí – uma espécie de conselheiro que nunca nos deixa de apoiar com as sugestões precisas à obtenção da felicidade.

95

Meu irmão: lê com proveito,
O livro nobre e seguro.
Melhoramento de agora
É benção para o futuro.

96

O mal é ausência do bem ou desequilíbrio da vida, e sempre que desajustamos essa ou aquela peça na engrenagem pela qual se sustém a harmonia dos outros, somos compelidos a restaurar a brecha feita.

97

Somos, cada um de nós, um Espírito imortal, conquanto em evolução, usando um corpo perecível.

☙

98

A nossa felicidade, apesar das aparências enganadoras, está sempre em relação direta com a nossa capacidade para o bem.

99

Quando cada um de nós transformar-se em livro atuante e vivo de lições para quantos nos observam o exemplo, as fronteiras da interpretação religiosa cederão lugar à nova era de fraternidade e paz que estamos esperando.

100

A Ciência sincera é grande e augusta,

Mas só a Fé, na estrada eterna e justa,

Tem a chave do Céu, vencendo o abismo.

101

Na essência, todos os atos nobres e todos os serviços de sublimação procedem do Cristo, de cuja amorosa autoridade não passamos de simples servidores.

102

A Terra é uma embarcação cósmica de vastas proporções e não podemos olvidar que o Senhor permanece vigilante no leme.

103

O idealismo operante, a fé construtiva, o sonho que age, são pilares de todas as realizações.

104

A Terra é grande estalagem,
Com ficha, despesa e contas,
Nela estamos de viagem,
Vivendo de malas prontas.

O esforço máximo e desinteressado no bem aos outros, segundo nos parece, é sempre o maior apoio a nós mesmos.

106

A vida está repleta da beleza de Deus e, por isso, não nos será lícito entregar o coração ao desespero, porque a vida vem de Deus, tal qual o Sol maravilhoso nos ilumina.

107

Paz no meio em que se vive?
Aceitar a disciplina.
Êxito na própria ação?
Manter-se em disciplina.
Sustentação de amigos?
Viver em disciplina.
Melhorar condições?
Trabalho e disciplina.
Tranquilidade em casa?
Cultivar disciplina.
Vencer na própria vida?
Sempre mais disciplina.

108

Ouve o teu coração em cada prece.

Deus responde em ti mesmo e te esclarece

Com a força eterna da consolação.

A Fé segura, sincera, verdadeira, é aquela que nos impele em direção ao Alto, na compreensão de que Deus não nos desampara nunca.

110

Deus está em nós, e devemos permanecer em Deus.

111

Somente nós, as criaturas humanas, por vezes, acreditamos que um golpe seja capaz de sanar outro golpe.

Simples ilusão.

O mal não suprime o mal.

Em razão disso, Jesus nos recomenda amar os inimigos e nos adverte de que a única energia suscetível de remover o mal e extingui-lo é e será sempre a força eterna do bem.

112

Espera e ama! Exulta de alegria,

Que os teus amados chegarão, um dia,

Ao teu templo de luz no Lar Celeste!...

∞

113

Felizes daqueles que creem, veem e caminham firmes em sua fé, porque estão, verdadeiramente, aptos a superar quaisquer obstáculos, com Jesus a apoiá-los.

114

A fé transforma a noite em manhã clara.

Não te canse o deserto... Ara e semeia

E arrancarás da imensidão de areia

A flor da primavera e o pão da seara...

115

Na caminhada, por este vale de lágrimas, notaremos que nada acontece por acaso, se nos propusermos à meditação.

116

O amor vence a morte e desconhece o tempo.

117

Ara, semeia, tece, afaga e ajuda...

Mãos no trabalho são a prece muda

De nosso coração, vencendo espaços...

118

Determinismo e livre-arbítrio coexistem na vida, entrosando-se na estrada dos destinos, para a elevação e redenção dos homens.

119

A vida é uma corrente. Somos os elos vivos que a formam, e a lei de solidariedade deve orientar, em verdade, todas as nossas manifestações dentro da luta comum.

120

Não te lamentes.

O aguaceiro que te incomoda é apoio da natureza para que não te falte o pão indispensável à vida.

Não exijas dos outros qualidades que ainda não possuem.

121

O carinho não morre naqueles que se despedem do mundo, no entanto, creio que a presença da morte, ou melhor, o estado de distância, ensina-nos a amar como se deve e não como se deseja.

Façamos harmonia em nós mesmos e a perturbação exterior será reconhecida por nós à categoria de oportunidade valiosa de serviço aos nossos semelhantes.

123

A vida precede o conhecer, porquanto só a experiência nos propicia o conhecimento real.

124

É preciso compreender a vida para que possamos vivê-la no proveito necessário.

125

O livro que instrui e consola é uma fonte do Céu, transitando na Terra.

126

O vento pode retorcer-lhe os braços e despojá-la de algumas flores, mas a árvore benfeitora permanece verde, como se quisesse viver sempre vestida na cor da esperança, produzindo sempre mais refúgio e mais amor no auxílio aos outros.

127

Sejamos descobridores de nós mesmos.

Alcemos corações e pensamentos ao Cristo.

Aprimoremo-nos para refletir a vontade soberana e divina do Alto, por onde passarmos.

128

Todo o bem que plantares nessa vida,

Há de esperar tua alma redimida

Nos caminhos de luz e redenção!

129

Na contabilidade das horas, todos os recursos vão chegando, a premiarem o trabalho de quantos se dedicam à procura da paz.

130

Quem sustenta é sustentado.
Quem serve é servido.
Quem dá, recebe.
Essa é a lei.

131

Busque relacionar-se com as pessoas de todos os níveis sociais, erguendo amigos além das fronteiras do lar, da fé religiosa e da profissão.

132

Antes de pretendermos o ingresso nos mundos venturosos e redimidos, salvemos o chão em que nos firmamos, construindo o mundo mais feliz de amanhã pela melhoria de nós mesmos.

Não vale contemplar sem agir, nem sonhar sem fazer.

133

A beneficência alivia a provação.
A caridade extingue o mal.
A beneficência auxilia.
A caridade soluciona.

134

O corpo é teu veículo santo.

Não lhe conspurques a harmonia.

135

O corpo terrestre é valioso instrumento de formação da verdadeira riqueza.

Mobiliza-o em teu próprio favor, no fecundo campo da vida.

136

A *experiência é tua instrutora.*
Não lhe menospreze o ensinamento.

∽

137

Pobreza e riqueza são portas abertas à glorificação espiritual.

Na primeira, é mais fácil aprender e servir; na segunda, a ciência de dar exibe agradável acesso.

138

Sabemos que uma centelha de luz é capaz de acender uma vela ou fazer o fogo construtivo que aqueça o lar.

139

Ninguém precisa apagar a luz do vizinho para iluminar a própria casa.

Uma vela acende outra sem alterar-se.

140

O coração expressando sentimento é superior a qualquer outra força da vida.

141

O silêncio generoso
Da desculpa de um momento
Pode evitar muitos anos
De conflitos e sofrimento.

142

Não há ruptura de laços entre os que se amam no infinito do espaço e na eternidade do tempo. As almas afins se engrandecem constantemente repartindo as suas alegrias e os seus dons para a Humanidade inteira.

143

Aprendamos a recolher pedras e espinhos, como quem sabe que deles surgem o ouro da experiência e as rosas da alegria – riquezas de nossa marcha.

144

Sê compassivo e atrairás a bondade!

Sê amigo do próximo e a amizade do próximo virá ao teu encontro.

◈

Jesus não escolheu a larga avenida do menor esforço.

146

A existência na Terra é um livro que estás escrevendo...
Cada dia é uma página...
Cada hora é uma afirmação de tua personalidade, através das pessoas e das situações que te buscam.

147

O verdadeiro parentesco nasce no coração de cada um.

148

Somente aquele que se dispõe a fazer as coisas pequeninas, que sabe e pode, virá a saber e a poder realizar grandes coisas.

149

Deixa um traço de alegria onde passes e tua alegria será sempre acrescentada mais à frente.

Quem furta a esperança, cria a doença.

O sorriso é sempre uma luz em tua porta.

150

No berço terrestre, a pessoa se reassume na família ou no grupo social em que deve reaprender lições e conclusões do pretérito, com o resgate de débitos que haja contraído, ou em que possa prosseguir nas tarefas de amor e cooperação às quais livremente se empenha.

151

Com o auxílio do tempo, todos os povos saberão afastar-se, cada vez mais, das formas para guardarem as essências imortais da vida do Espírito.

152

A oração é assim como um passo de tranquilidade e refazimento no caminho.

153

Nosso coração é diariamente lido pelos outros na palavra que emitimos, na frase que escrevemos, no compromisso que assumimos ou nos gestos que praticamos.

☙

154

A felicidade vem à nossa vida por ação reflexa, porque é a felicidade que criamos para os outros que se transforma em nossa alegria.

155

Purifiquemos o Espírito e conseguiremos descobrir os horizontes da nossa gloriosa imortalidade.

156

A idade por si não vale, porque deste lado vale apenas aquilo de bom que colocarmos no rio do tempo. Cada dia é momento de se entregar algo de melhor à embarcação das horas.

Fazer o bem aos outros é o melhor investimento nas menores atividades do campo empresarial.

157

Nossos pensamentos são as criações de que se nos veste a personalidade autêntica e, por eles, somos conhecidos, vistos, ouvidos e analisados na Vida Superior, cabendo-nos o dever de buscar em Jesus o modelo das nossas atitudes e decisões.

☙

158

A morte não é o fim. A vida continua. Lembre o pasto morto quando a chuva chega de monte e tudo que parecia secura e poeira torna a reverdecer. Assim é a vida quando termina o corpo.

159

Somente Deus realiza o impossível.

Entretanto, diante do trabalho para a construção do bem aos outros, não se esqueça de que Deus lhe entregou o possível para você fazer.

160

Meus amigos, não deixem que os dias passem, sem que deem sinal de sua presença em relação ao próximo, pois até uma palavra basta para ajudar.

161

A vida na morte não é a morte na vida, e, sim, mais vida, a desafiar-nos para viver intensamente.

162

Busquemos algo do olhar de Jesus para nossos olhos e a crítica será definitivamente banida do mundo de nossas consciências, porque, então, teremos atingido o Grande Entendimento que nos fará discernir em cada companheiro do caminho, ainda mesmo quando nos mais inquietantes espinheiros do mal, um irmão nosso, necessitado, antes de tudo, de nosso auxílio e de nossa compaixão.

163

A prece, em nosso favor, é um estímulo venerável a impulsionar-nos para a estrada certa que nos cabe percorrer.

164

Fracasso não intimida
Quem serve, persiste e avança,
Só há derrota na vida
Para quem perde a esperança.

165

Deus, que nos reuniu uns aos outros, nunca nos separaria para sempre.

Melhore tudo dentro de você para que tudo melhore ao redor de seus passos.

As pedras no mundo constituem base às construções mais sólidas. Fujam, pois, das areias da fantasia.

168

O amor inspira a renúncia, e a renúncia garante a felicidade...

Não te esqueças, dessa forma, de que em ti mesmo se levanta o cárcere de sofrimento a que te aprisionas ou se ergue o ninho de bênçãos em que te preparas à frente de glorioso porvir.

169

Ergue-te, em Espírito, na intimidade do coração, trabalha sempre e não percas o sorriso da confiança.

170

Nascemos, crescemos, vivemos, morremos, tornamos a renascer e, assim, sucessivamente, repetindo o ciclo que vai se tornando cada vez mais perfeito e maravilhoso, à medida que nos aperfeiçoamos e dirigimos nossa antena para o Bem, o Infinito e Deus.

171

Aceitando as provas com coragem, substituindo a nossa dor por favores materiais, morais e espirituais, em benefício do nosso próximo, ficaremos mais aliviados, mais confiantes, recebendo mais amor e bênçãos do Plano Superior.

172

O *exemplo é uma voz que fala em silêncio por dentro do coração.*

173

A indulgência é a outra face da caridade.

174

Ama aqueles que o Senhor te confiou quais são e não como desejarias tu fossem eles, porque, pelos teus votos bem cumpridos, encontrarás o caminho do acesso à sublime comunhão nas alegrias de tua família espiritual.

175

Em cada instante de nossa vida, estamos recolhendo o que semeamos, dependendo da nossa sementeira de hoje a colheita melhor de amanhã.

176

*Não anotes na estrada
A pedra que te magoa,
Nem acalentes cicatrizes.
Detém-te a recordar na caminhada
O Sol que te abençoa
E os encontros felizes.*

177

Combatamos a nós mesmos cada dia, em nome do bem que abraçamos.

Não vale afirmar sem exemplo, nem sonhar sem trabalho.

178

Segue adiante, reconhecendo que nos cabe a todos desenvolver o esforço máximo para que, junto de nós ou longe de nós, se realize o melhor.

179

Auxilia a quem te persegue.

Ora por aqueles que te caluniam.

Dá sem esperar retribuição.

Perdoa setenta vezes sete vezes

A quem te pedir a capa, oferece também a túnica.

Segue dois mil passos com o irmão que te roga a caminhada de mil.

180

Quem se faz útil, auxilia a construção do Reino Divino na Terra e quem realmente ama a Deus, sacrifica-se pelo próximo, fazendo a vida aperfeiçoar-se e brilhar.

Abençoar os outros é receber novas bênçãos em nós e para nós.

182

O amor vence a morte e vencerá sempre em qualquer ocorrência, porque o amor traduz a presença de Deus.

183

A nossa felicidade é sempre um reflexo da felicidade daqueles que amamos.

184

O resto é saudade, mas saudade não deve ser regada de pranto, ainda mesmo quando nasça das profundezas de nossa alma; saudade para nós deve ser fé nova em Deus e confiança em nós mesmos para conquistas de tempos novos.

Observa o que desejas e o que fazes, a fim de que ajuízes, com segurança, sobre a felicidade que procuras.

186

Ante a prova, luta e vence-a,
Buscando o próprio dever,
Guarda a paz da consciência,
Suceda o que suceder.

187

Geralmente, todos os nossos adversários, no fundo, são nossos instrutores.

188

A prece, em nosso favor,
Tesouro vivo e sem preço,
É sempre carta de amor
Que nos atinge o endereço.

189

Todas as criaturas e todas as coisas te respondem, segundo o toque de tuas palavras ou de tuas mãos.

Abençoa teu lar com a luz do amor, em forma de abnegação e trabalho, e o lar abençoar-te-á com gratidão e alegria.

190

Em nós, existem três reinos
Que lutam contra a Razão,
Por nome são conhecidos:
O Amor, a Paz e o Perdão.

191

Guardemos o coração na luz do bem para que nossa alma, diariamente, possa banhar-se nas águas vivas da grande compreensão.

192

Cada flor guarda o perfume que lhe é próprio.

Cada árvore produz segundo a espécie a que se subordina.

Cada Espírito respira na esfera que elege para clima ideal da própria existência...

193

A vida é um dom de Deus que nos cabe aperfeiçoar cada vez mais, valorizando-o pela utilidade que possamos ter em favor dos outros e pela aquisição de conhecimentos ou recursos dignos que nos façam cada vez mais úteis.

194

Aprender a desfrutar, sem possuir negativamente, é a fórmula ideal para o encontro com a paz.

195

*Não desanimes jamais
em tua luta na vida,
perseverança é que traz
novas forças na subida!*

196

O tempo segue voando, e precisamos de muita disciplina nos compromissos assumidos para não estacionarmos na retaguarda dos minutos.

Cada segundo a mais que se passa, não é um segundo que se vive, mas um segundo que se deixa de viver.

198

Age, serve, espera e confia.

199

O trabalhador que repara as possibilidades para ser mais útil jamais se esquecerá de endereçar reconhecimento às flores que lhe desabrocham na senda.

200

Se algo te fere o coração ou pisa o sonho,

Não chores, nem te inclines para trás,

Ama, serve e prossegue construindo

Que o bem se te fará conforto e paz.

201

Não fujas dos problemas com que a vida te instrui.

A vida, como a fizeres, estará contigo em qualquer parte.

Lembra-te sempre: cada dia nasce de novo amanhecer.

Ora e segue adiante.

O horizonte é sempre mais nobre e a estrada sempre mais sublime, desde que a oração permaneça em tua alma em forma de confiança e de luz.

É importante pensar que a Divina Providência colocou tanto senso natural de escolha nas criaturas, que a própria mosca sabe onde se encontra o açúcar.

∽

204

Não mentalizes decepções, deserções, desenganos e desencantos.

Abençoa a todos os companheiros de serviço e de esperança que assumem posição diversa da tua e afervora-te, cada vez mais, na execução da tarefa que a fé te reservou, reconhecendo que a Divina Providência a todos nos enxerga e acompanha sem desamparar a nenhum de nós.

205

Se alguma provação te colhe com tanta força que não consigas evitar as próprias lágrimas, mesmo chorando, confia em Deus, na certeza de que Deus, amanhã, nos concederá outro dia.

☙

206

Ante o jogo de ilusões
Que o mal te venha a propor,
No cultivo da humildade,
Resiste com mais amor.
Se desejas alcançar
A comunhão do Senhor,
Arrima-te à caridade
E serve com mais amor.

207

Compaixão e entendimento devem ser ingredientes de nossa vida diária.

208

*Pensa na provação
Do doente a sós;
Na dor da mãe que implora
O agasalho de um teto;
Do cego que tateia
Com saudade da luz;
Enxuga o pranto alheio
E vê como és feliz.*

209

Aceita as dificuldades com paciência, procurando guardar contigo as lições de que se façam portadoras.

Com todos, temos algo de bom para aprender e, em tudo, temos alguma coisa de útil para assimilar.

Bibliografia

As mensagens deste livro, psicografadas por Francisco Cândido Xavier, foram extraídas das obras abaixo descritas, todas da IDE Editora.

A TERRA E O SEMEADOR, A VOLTA, ABRIGO, ALMA E LUZ, AMOR SEM ADEUS, ANTENAS DE LUZ, ANUÁRIO ESPÍRITA, APOSTILAS DA VIDA, ATENÇÃO, AUTA DE SOUZA, BRILHE VOSSA LUZ, CARAVANA DE AMOR, CARIDADE, CENTELHAS, CIDADE NO ALÉM, CLARAMENTE VIVOS, COMPAIXÃO, COMPANHEIRO, CONFIA E SERVE, CONVERSA FIRME, DÁDIVAS ESPIRITUAIS, DINHEIRO, DOUTRINA ESCOLA, ELES VOLTARAM, ENCONTROS NO TEMPO, ENTENDER CONVERSANDO, ENTREVISTAS, ENXUGANDO LÁGRIMAS, ESTAMOS NO ALÉM, FONTE DE PAZ, GABRIEL,

Gaveta de Esperança, Gratidão e Paz, Horas de Luz, Indulgência, Irmã Vera Cruz, Lealdade, Mãos Marcadas, Mãos Unidas, Ninguém Morre, No mundo de Chico Xavier, Notícias do Além, Oferta de Amigo, Porto de Alegria, Presença de Laurinho, Quem são, Reencontros, Retornaram Contando, Retratos da Vida, Rosas com Amor, Seara de Fé, Semente, Servidores no Além, Sorrir e Pensar, Tempo de Luz, Tempo e Amor, Tesouro de Alegria, Trilha de Luz, Trovas do Coração, Viajor, Visão Nova, Vitória, Vozes da Outra Margem.

Pelos Espíritos

Alberto Santos-Dumont, Alexandre Augusto Pandolfelli, Almério Faria, André Luiz, Antenor, Aulus, Aurílio Braga, Auta de Souza, Bezerra de Menezes, Carlos Eduardo Frankenfeld de Mendonça, Casimiro Cunha, Clovis Tavares, Cornélio Pires, Dalmo Florence, Emmanuel, Francisco Corrêa de Figueiredo, Gabriel, Gastão, Gil Amora, Henrique Emmanuel, Humberto Furlan, Irmão José, Ítalo Scanavini, Iveta Ribeiro, Izídio Inácio da Silva, Jacob, Jésus Gonçalves, Jovino Guedes, Júlio Fernando Leite de Sant'Anna, Klecius da Cunha Rodrigues, Laurinho, Lincoln Prata Lóes, Luciene Nascimento, Luiz Antônio Biazzio, Luiz Orlando Rodrigues Cardoso (Luizinho), Marco Antônio Araújo, Maria Dolores, Maurício Garcez Henrique, Milton Higino de Oliveira, Nathaniel José Furtado Xavier de Albuquerque, Osmar de Freitas Filho, Paulo Marcelo Reis Azevedo, Rui Vagner Garcia, Scheilla, Sylvio Fontana, Vera Cruz, Walter.

idelivraria.com.br

Pratique o "Evangelho no Lar"

Allan Kardec

O Evangelho Segundo o Espiritismo

Aponte a câmera do celular e faça download do roteiro do **Evangelho no Lar**

Ide editora é nome fantasia do Instituto de Difusão Espírita, entidade sem fins lucrativos.

◄◄ **DISTRIBUIÇÃO EXCLUSIVA** ►►

boanova editora

Av. Porto Ferreira, 1031 | Parque Iracema
CEP 15809-020 | Catanduva-SP
☎ 17 3531.4444 ☏ 17 99777.7413

▢ boanovaed
▶ boanovaeditora
f boanovaed
🌐 www.boanova.net
✉ boanova@boanova.net

Fale pelo whatsapp

Acesse nossa loja